當你願意打開這本書，
代表你對自己有著更深的期許及探索，
請你細細的、慢慢地跟著書中的內容，
完成這21天的任務，讓我的文字及聲音陪伴著你，
一起走過生命中的一小段路，

我心中期待，
當你走過這21天，
能有一些啟發及看見更深層的自己。

目錄

前言

我是一位中醫師，已經執業20年，除了幫患者治療身體的疾病之外，我發現很多人的心靈也在受苦，對自己及原生家庭都不夠深入了解，每天過著一樣的生活，面對同樣的困擾，想改變卻不知道有何方法，有一些心裡話也無人可說。

而更多人的困擾是「不夠懂得自己」、「不知如何讓心平靜下來」。有時候，面臨了生命的難題及痛苦，脆弱的無力招架不知所措。

針對身體的病痛，我可以用中藥、針灸、小針刀、穴位埋線、火針……等方法去治療，但對於這些患者心裡所承受的痛苦，我卻很難使得上力，有些人不理解自己，總是有很多的苦想要訴說，但我的門診時間短促，根本沒有辦法讓我有多餘的時間傾聽患者生命難題，提供他們心靈上的幫助。

我一直在思考，能否有辦法協助這些正在難過受苦的心呢？

我有這樣的起心動念，卻遲未想到方法，但這件事始終存放在我心中深處，我知道，總有一天，我一定能夠做些什麼的。

就在109年6月底的時候，我的好朋友邀請我參加了網路上流行的「21天豐盛冥想」活動，讓我想要做的這件事情發酵了……

豐盛21天的活動任務，多數人都是可以做到的，較無法順利完成的一個卡關處在於，其中有一個任務是必須要自己另外再成立一個FB社團並將活動持續推廣出去，對有些人而言是困難的，而其冥想內容也較不符合台灣人的思維想法，較難融入其中，所以有些人沒有辦法做完豐盛21天的功課。

於是，我決定參考豐盛21天，但重新設計題目內容，在網路上辦活動，開放讓想參與的朋友加入，也進行爲期21天的社團任務，所以從6月份就開始策劃，其內容包含了我上過的工作坊、家族排列、呼吸練習、探索課程、聽過的演講、參考很多書籍，加上自己臨床看診經驗、還有我最誠摯的心，這一些元素集結起來，完成了這21天的任務。

參與社團的朋友每天大約花10～30分鍾左右可以完成功課，主要的內容有三項：

一、**完成任務：**藉由書寫方式去探索自己的內在及思考以往未曾留意的事情，去做眞正的體驗，並將想法轉換成文字，讓腦中思緒做一個整理，看見不同的自己。

二、**聆聽音檔：**內容有二種，其一是冥想引導，將原本放在外在環境的焦點轉化到自己的內在，透過想像的方式看顧自己的心，開啓不一樣的視野，另一種則是呼吸練習，將注意力放在吸氣與吐氣之間，關注身體狀態，讓心沉澱、平靜，練習感受自己的呼吸及身體，才能與自己同在，全然的陪伴自己。

三、**每日一句：**抄寫有意義的文字，簡短卻能提醒讀者聚焦生命中的要點。

因爲活動頗受好評，所以我總共進行了三次，在這21天的活動當中，我發現有很多人受到啓發並能夠得到心情的平靜。

但是現代人的時間忙碌，不一定能每天抽出空檔完成功課，加上我當初社團的規定是每天須留言回報完成任務，未留言完成者會被我退出社團，這樣的優點是過程中會有小壓力，但能夠提升積極度，完成度增加，心境及體驗較能連貫，在社團內也能表達自己，參與的朋友會感受到自己不孤單，活動會如期進行到最後，較容易培養固定習慣。但缺點是不一定每個人每天都能夠配合社團進度完成任務，也讓少數人產生失落感，雖然想要參與，但因爲中斷而無法完成內容而告失敗。

有什麼方法可以讓想要參與的朋友沒有壓力，又能順利完成這21天的歷程呢？

我有了新的想法，我決定把這21天的活動內容出版成一本書，書的內容，就是這21天的任務及呼吸練習，書裡有我自己錄製的冥想音檔QR Code，讀者可以把這本書當成探索自己的一本工具書，在書的空白處寫下每天的任務，按照自己的速度進行21天的探索，也能配合音檔做靜心。

這21天，從第一天的開啓，到中間的沉澱，及最後的整合，都是我用心思考過的。

包括要先聽音檔還是要先完成任務，我都仔細琢磨過後才決定的，我花了很多的心思，因爲這不是針對個人而做的規劃，所以我必須考量更多，讓參與其中的朋友，或多或少都能夠有一些受益、再多一些對自己的看見、理解、信任，我希望參與這個活動的朋友都是有所收穫的，不會白走這21天的。

音檔的錄製對我而言最是困難，我必須先想好內容，打成文字之後列印出來，再選擇可以相互呼應的背景音樂，才能進行錄音，然後轉檔上傳至YouTube，因爲是初階的練習，也不希望佔去大家太多時間，所以音檔不超過15分鐘，我必須將時間控制好，一旦超過，我就必須重新再製作。在錄音的過程，若遇到干擾，例如：我講錯話了、突然有救護車經過、電話鈴聲響起……一些突發狀況干擾了我的錄音，我就必須重複不斷地錄製，所以，每一段音頻，都要經過這些階段才能完成，音檔有些部分也許不盡理想，不是最完美的，但卻都是我最誠摯的心，透過我的語言錄製出來的，也在此請讀者多多包涵。

每天出的任務，也必須考量能否讓大家都順利完成，必須讓這件事情是有意義的，而非沒有目的的要求大家去做某件事情，我希望在從事任務的過程中，能有一些啓發或是觸動心底溫暖的一部分，讓每個人能夠看見，生活可以有不同的選擇，多一點新的思維，讓視野加大，生命的寬度也能更廣一些，讓心靈更能夠得到自在、平靜、放鬆、休息的時刻。

每日一句的抄寫，不用1分鐘，但我希望抄寫的文字，是有力量、是有意義的，而且必須跟當天的活動是有所結合的，所以，抄寫的字句是我用心琢磨寫出的，希望你在抄寫的過程中，能夠感受到我的這份心意。

這個活動的策劃，我用了四個月多的時間，不斷調整、修改、更動，也許不是最好的，但卻是我很用心認眞製作的，而變成書，還必須加上解說、編排、出版，其過程更是漫長，但至今日，它完整了，成爲了你手上的這一本書，將陪著你，一起度過21天。

此書的使用說明

一、書中有三件事情是每天要做的

1. 任務：書寫作業（寫在書上的筆記欄內或做其他的事情，每天都會不一樣）。

2. 聆聽音檔，每天都必須要聽（掃描QR Code即可）。**請找一個安靜不被打擾的地方**。

3. 每日一句：每天抄寫在句子後的筆記欄。

這三項任務不用同時間完成，可以先抄寫每日一句，晚上再聽音檔，或是先聽音檔，再寫下任務，都可以~按照你自己的速度跟方式進行。

二、每天只看當天任務，請待三項任務全部完成之後再看解說，持續不間斷地完成21天，就可以得到最好的效果。（請不要一口氣看完這本書，試著放慢你的步調，一天一次，實際去做、去體驗，慢慢來……）

三、21天全部完成之後，可以將此書當成工具參考書籍，若有某天情緒較低落或有所困擾時，隨意翻開書中的任一頁，當中的每日一句或給你的祝福、任務或是冥想音檔，也許正是你需要的，可能爲你帶來一些靈感或是啓發。

四、一年之後，可以再重新啓動探索自己的21天，看看經過時間淬煉之後的你，對任務內容的看法或感受，是否有所不同。

註：音檔裡面所說的呼吸，都是鼻吸鼻吐，用腹式呼吸，也就是吸氣的時候要吸到最深，讓腹部鼓起來，吐氣的時候讓腹部壓縮變扁，慢慢的把氣完全呼出。（想像你的腹部就像一顆氣球，當你吸氣時，就像在幫氣球灌氣，所以當空氣進入腹部，氣球充飽氣自然是圓鼓鼓的，吐氣是將氣球內的空氣釋放，腹部自然會變扁）

注意不要聳肩，不用刻意把呼吸拉的太深太長，按照自己做得到的速度就可以了，請你放鬆的去感覺自己的呼吸。

聽音檔的時候，建議使用耳機效果會比較好，最適合聽音檔的時間是在早上起床或睡前，其次才是午休或其他時間，不要躺在床上聽（太容易睡著，而沒有完整聽完內容），請坐在椅子上，讓雙腳平穩的踩在地上，將背打直、抬頭挺胸，像國王或皇后坐在王位上的姿態一樣，有自信、安穩、輕鬆的坐著。

Day 01

每天～

我都會給你祝福：

今天的你，

能順利完成任務、工作，

縱使遇到困難也會輕鬆的解決。

任務

/

你《現在》是一位什麼樣的人呢？此時此刻的你是誰？有什麼樣的心情或感受呢？請你不管身分（不寫你是誰的爸爸或媽媽，也不是誰的先生或太太，兒子或女兒），也不寫社會地位、職務及工作，就只是寫你。

在寫之前，請你先閉上眼睛，做緩慢深長的深呼吸三次之後，再開始下筆。

只寫下，我是＿＿＿＿＿＿（你的名字）

此時此刻的我覺得有一些困擾，心情有一點波動，因為要寫我是誰？對我而言有一點困難，但我是可以面對問題的人，我是一個認真努力的人，也許一開始面對問題會覺得有一些煩惱或覺得做不到，但我還是會願意去試試看，除此之外我還是一個……

或：我是＿＿＿＿＿＿，此時此刻的我是平靜的，我是一個既開朗卻又悲觀的人，開心的時候，什麼事情都往好的地方想，不開心的時候就會覺得一切都不好，我有時候會覺得自己很矛盾，但我也是一個認眞、努力又充滿好奇的人……

如果你有很多的優點及正向行爲，也請你把它寫下來，不提自己的工作、社會地位，或附屬於誰，就只是寫你，請寫下那個你所認識的自己。

這不是在寫作文，也不會有任何人看到，當你開始下筆之後，不要思考，也不要停下來，不管有沒有寫錯字，不一定要寫逗點符號，腦中浮現的是什麼，是讚美、批評都沒關係，無論好壞，任何你想到的話語，想到對自己的形容就把它寫下來，除了你以外，不會有人知道你寫的是什麼，放鬆心情、無壓力的寫著……這些文字，只存在於你的書上，只有你看得到。

呼吸引導1

—每日一句—

我願意敞開心，看見更多的自己。

— 解說 —

人，一定會有情緒的波動，會快樂、悲傷、憤怒，這些情緒不會24小時不變，一天當中都會有所不同，如同天氣一樣會變化，沒有永遠的陽光或雨天。

你今天的心情，若是平靜安穩的，你寫出來的自己，就會是比較客觀且全面的你，但如果你今天遇到一件事情讓你覺得很悲傷難過，寫出來的自己可能就會有一些憂鬱失落的情緒，容易有較負面的想法。若剛好又被父母或是主管罵，心裡有難過委屈，也在心底批評、責怪自己，認爲自己事情總是做不好，那麼寫出來的自己，就有可能是你不喜歡的自己。

但假若今天的你，是開心快樂，充滿正能量的，那麼你寫出來的自己，有可能就會是開朗、積極充滿了正向的形容詞。

若是經常處於委屈憤怒的狀態，那你會以爲自己是個愛生氣的人。

若多數都是在平靜安穩的狀態，那你會判斷自己是個溫和的人。

你是如何看待自己？也等於你是常常處在什麼樣的思考模式中，讓什麼樣情緒的你展現得比較多，你就認爲自己是那樣的人。

這個我，你所寫出來的這個自己，是會受到情緒干擾而有所不同的，所以很多人會困惑，哪一個才是眞正的我？

事實上，這些全部都是你自己，這是完整的人性，無論你筆下的那個人是什麼樣子的，全部都是你。

因爲人容易被情緒影響而用侷限的觀點看自己，把一個生活中的片段看成是自己的全部，當沮喪的時候就覺得自己是不夠好的，忽略了那只是情緒的一時低落，等到心情恢復平靜，就能再用不同的眼光看自己。

我，是會不斷改變調整而有變化的，可能因爲他人的語言、一件事情或是大環境的變動，讓我去調整自己的心態、想法還有行爲，在不知不覺中轉化了自己。

所以，我們必須了解，生命中所有發生的一切事情，都是爲了讓你更懂自己，讓你明白自己想要成爲什麼樣的人，什麼樣的特質會是你所喜愛的，那麼，我們就會保留這些喜歡的，那一些不喜歡的，就去除掉，也可以透過學習，去轉化去調整自己。

你究竟是誰？是什麼樣的一個人，必須要更廣闊更長遠的心來看待，因爲，你有一輩子的時間成長，生命沒有走到盡頭，誰也無法定義你。

今天請你寫下的這個我，也只是此時此刻的你，等完成這21天的任務，你理解的更多，會更清楚自己的念頭是如何產生的，就會看到更多不同的自己。

Day 02

給你的祝福：
你今天擁有充裕的時間，
可以完成所有你要做的每件事情。

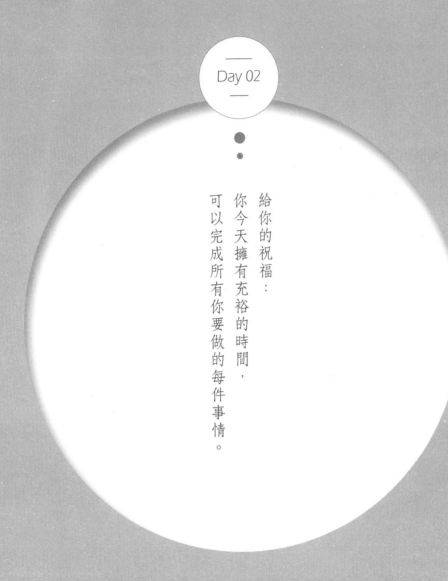

今天請先在筆記本上完成任務再做冥想練習。

任務／

請你在書本上的2個長方形上面（　　　）內，分別寫上爸爸媽媽名字，及他們的特質。

若你並沒有跟父母相處過，請做第二個選擇，寫下你的主要照顧者名稱，從小照顧你長大跟你相處時間最多的人，那個人也許是爺爺奶奶或是外公外婆或是任何一位親友，選2位主要照顧者，就可以了。

左邊長方形內寫上照顧者的優點。例如：勇敢、堅強、負責任、幽默、可愛、貼心、熱情、謹慎、自信、認真、溫暖……

右邊長方形內寫上你不欣賞他的特質。例如：不負責任、不講理、說話不算話、易怒、焦慮、膽小、懶惰、冷默、愛批評、囉唆、強勢、沒安全感……

(　　　　　　　　　　　　　　)

請填入爸爸的名字或主要照顧者名稱

•優點•	•不欣賞的特質•

(　　　　　　　　　　　　　　)

請填入媽媽的名字或主要照顧者名稱

•優點•	•不欣賞的特質•

父母的生命背後

—每日一句—

感謝父母給了我生命。

—解說—

父母是創造我們生命的人，沒有他們，就不會有我們。

但並不是所有的父母都知道如何對待、照顧孩子，有的父母不懂得如何給出愛，在孩子的成長過程中也許用言語或行爲傷害了他們。

如果，你是成長在一個幸福快樂的家庭裡，那麼，跟父母的連結是很自然也會很深刻的，能夠理解父母對子女的愛，是無私、無所求也是期盼孩子生活更好的。那麼你聽音檔的時候，很容易就可以感受到父母對你的愛，你會更尊重並與他們的心更貼近。

但若你跟父母的連結不深，或在成長過程中曾經受了傷，甚至想要逃離這個家，恨不得切斷與父母的關係，聽音檔的時候可能會有一些情緒湧上來，也許會有所抗拒，甚至不想繼續聽下去，這是正常的。不急，請你再給自己多一點的時間，當你的心可以慢慢平靜下來，當你願意的時候，再另外找時間重新聽一次音檔即可。

爲什麼必須與父母連結？因爲這是根本，人一定要知道自己的根在哪裡，如同植物的根一樣，有可以安頓的地方，不然，會如同身處大海之中，茫然、困惑，不知何去何從。明白你的生命從何而來，不再抗拒且同意，你才有辦法安頓在這個世界之中，不然漂流到哪裡，都會覺得自己是無依無靠獨自一人的。

試著用成年人的眼光去看你的父母，他們曾經也是小孩，生命的過程中，也一定有過掙扎、遭遇挫折、受過傷，他們這一生走來也是跌跌撞撞的，也有不知所措、無能爲力的時刻。

如果你的父母是有愛的，曾經得到來自於祖父母給他們的愛，他們感受過愛、學習到愛的方式，有愛人的能力，心中就有愛，也有愛的方法，那一定會給予你愛的。

但如果他們不曾感受過愛、不曾接受過愛，也不曾被好好對待過，那麼，他們是無法給你他們不懂也沒有的東西啊！

若你願意，請你找個時間，坐下來與父母聊聊，聽聽他們的生命故事，當他們還是孩子時，是如何面對挫折的？他們是否曾經懷抱過夢想？曾經經歷過痛苦嗎？是如何建立這個家的？而你父母的父母又是如何對待他們的？在他們的生命裡，是否曾經感受過愛？

在你需要他們懂你的同時，你是否也理解了你的父母呢？給彼此一點時間，或許，你與父母之間的距離，會再靠近一點。

請同意父母給了你生命，因爲你來到這個世界上，是爲了感受愛、爲了學習、經驗，爲了找到自我價值，不是來這個世界上抱怨、受苦的，成年後的你，是能夠照顧自己並給自己愛的。

當你還是小孩的時候，你需要透過他們的協助才能長大成人，但現在的你，已經有能力爲自己的生活負責任了，不再需要仰賴他們才有辦法過生活，你已經是有獨立人格、思考能力的人了。

所有人都一樣，無法決定自己要出生在什麼樣的家庭，你可以不認同父母的所作所爲，但尊重他們給了你生命，清楚的分辨這是兩件事情。因爲不同意父母給我們生命，生下了我們，等於是否定了他們，同時在潛意識也會否定了自己，而無法認同自己，就會讓生命有阻塞且生活的無力，當你認同自己的生命來源，理解了自己生命的根本，就會有著力點，信任自己的生命，用成人的眼光，看到自己，就更能活出自己的價值與意義。

註：我在這裡稍作解釋，爲什麼音檔裡面，我會用「同意」兩個字，因爲我們不是這個世界的主宰，有一些事情是我們人無法控制的，譬如天要下雨，我們不可能向天大喊，我不同意，不能下雨。即便你大聲怒吼：「爲什麼他們是我的父母，我不要！」你也改變不了這個事實。

我們無法決定，誰當我們的父母，而生命的特別就在這裡，不管好與壞，沒有人可以決定出生在什麼樣的家庭，如果我不同意父母是我的父母，那麼心中滿是不公平，怨恨自己爲何有如此的父母，生命就容易充滿了憤怒跟委屈，及羨慕他人的難受心情，所以，我使用「同意」兩個字，這兩個字還包含了：明白、理解跟放下。

明白所有人都一樣，無法選擇自己的父母。

理解父母的生命有他們自己的成長背景跟難處。

放下不公平的想法，停止怨懟父母，讓糾結的心可以柔軟，讓自己輕鬆一些。

生命是父母給的，但人生的路，你能用自己的方式走出來。

Day 03

給你的祝福：
所有的美好都會向你迎面而來。

今天請先寫完任務，再做冥想練習。

任務

／

今天在長方形外寫上你自己的名字，一邊寫你的優點，一邊寫你不欣賞自己的特質。

（　　　　　　　　　　）

請填入自己的名字

•不欣賞的特質•

•優點•

寫好了之後，請你將筆記本翻到昨天，查看你跟父母的特質是否有相同的地方。

請你將你跟父母都擁有，但你不欣賞的特質用黑筆在上面打個叉。

用紅筆將你跟父母一樣的優點圈起來。

另外再請你於空白處，寫下你跟父母不一樣，只有你個人所擁有的優點。

還有下面的特質，也是目前你所擁有的，請你寫下來……

願意學習、渴望成長、能夠敞開心貼近自己……

選擇自己的優缺點

—每日一句—

我與父母相同的優點是跟他們最好的連結。

—解說—

原生家庭對我們的影響非常大，那是在不知不覺中的潛移默化，我們看著父母親對待我們的方式及說話的語氣，我們就學會了那樣的語言及方式。

有些人跟父母的關係不好，甚至期望他們不是自己的父母，有些孩子也看不慣父母親的行爲模式，卻不知道，在還沒透過學習時，自己的行爲模式表面看似與父母不同，卻有著相似的姿態，所以我們必須透過靜心、觀察、思考，來知道自己與父母相同跟不相同的地方，透過書寫，你可以覺察自己，留下你想要的優點，放下你不要的行爲模式。

當你眞正清楚的看見你與父母的異同，也願意接受父母跟自己的連結，才有辦法做出改變。

原生家庭雖然影響孩子非常的多，但這個影響不是一輩子的。

若你現在仍在怪罪父母，那你或許無意識到自己已經長大，已經可以辨別是非，不再是沒有行爲能力的孩子，不是父母叫你做什麼你就會同意去做了，你已經懂得拒絕，懂得選擇，會爲自己負責了。

你可以有意識的選擇適合自己的應對模式，而不是無意識地被父母影響。

只要看見了，就有機會做出選擇並改變。

孩子是無能爲力的，但成年人不同，生活的經歷，成長中的學習，社會的磨練都會讓我們變得更堅強，如同一棵小果樹一樣，還沒長大之前也許是弱不禁風也無法提供果實的，但它一定會有長大成熟茁壯的一天，人也一樣，一定會長大，可以爲自己創造生命豐碩的果實，現在，你可以決定，你想要成爲一棵什麼樣的樹。

註：如果，你已爲人父母，你可以再探索多一點，寫下你的孩子的優點及你不欣賞的特質，看看你們之間的差異有多少。有哪些特質是你想要傳承給孩子的？

Day 04

給你的祝福：

今天的你，有著最棒的笑容。

今天先在筆記本上完成任務再做冥想練習。

任務

/

在筆記欄上面寫下「5～10位」人名，曾經正面影響過你的人及對你有幫助的事情是什麼？（若你能夠寫更多個，那就繼續寫下去，越多越好）。

也許是他曾說過某句話，讓你變得積極樂觀，或爲你做過什麼事情，讓你感受到溫暖及關懷的力量，或是在生活中、工作上曾幫助過你，讓你順利度過一個難關，增加你面對困境的能力。

這個人也許是你的朋友、家人或是長輩、同事，也有可能是某一位名人或是一本書的作者寫過的書，觸動過你的心靈。

不管他是誰，只要曾經讓你有過好的感受，請你將他的名字記錄在筆記欄上，並寫下對你有幫助的事情是什麼。

擁有

—每日一句—

當我需要時總是有人伸出援手。

— 解說 —

生存在這個世界上，最重要的就是關係，不管是夫妻、親子、朋友、師生、親戚……等等，都跟我們的生活息息相關，除了自我認同之外，我們也需要他人的關心及認可。但除了平常我們會接觸到的這些關係以外，曾經短暫出現並與你有過交集的人，也許現在已經不會出現在你的生活裡了，但對你的影響，卻有可能深植在你的心中，然而，我們常常因爲忙碌，而忘了細細去體驗人與人之間的能量流動，但這一些美好的回憶及他人給你的正面影響其實都留存在心底的深處。

所以，藉由寫下發生在你生命中曾經有過的溫暖、感動、支持、鼓勵的話語或行動，喚起這些善意，讓它像一股暖流，流過你心中，感謝是這個世界上最美麗的觸動，也是推動生命可以持續向前走的一股力量，所以，寫下在生命中曾推動過你的人名，你會知道，你一直是有支持者也從不孤單的。

Day 05

給你的祝福：
這是個充滿祝福的一天，
願你今天平安喜樂。

任務

今天的任務是清理一個地方，可以小至你的錢包、一個抽屜、衣櫥或浴室，甚至是大到一個房間，一個你覺得想要整理、想要讓它整齊舒適的地方，願意丟掉不再需要的東西。

我們生活的環境，需要清理打掃乾淨，讓我們舒適也能平靜呼吸的空間，讓用不到或不再那麼喜歡的東西離開，你的生活裡，只需留下你喜歡，看到會開心愉快的物品，心靈的空間也需要清理，讓你困擾、痛苦難過的人，也不要讓他佔據你心裡的空間，釋放他們吧！

請在筆記欄上寫下你今天整理的地方及感受。

心靈花園殿堂

—每日一句—

我的生活充滿我喜歡的人、事、物。

— 解說 —

想想看～當你早上起床，看到乾淨整齊的家，沒有雜亂的多餘物品，所有的東西都是精簡也符合你現在的需求，梳妝台上都是你喜歡的保養品，擺設的非常整齊，讓你一早就可以好好的打理自己，你是否感覺心情舒暢呢？

來到廚房吃早餐，使用的餐具是你最喜歡的花色，這一頓早餐你會吃的開心健康，打開衣櫥，全部都是適合也是你喜歡的衣服，隨便哪一件，都能展現你的身形及自信，打開鞋櫃，換上舒適、好穿的鞋子，這樣的你踏出家門，一定能有好心情，在工作上面更能夠展現才能。

你想要這樣的居家生活嗎？

我們也許會因爲父母的教導，認爲節儉是種美德，只要東西還能用就不應該丟棄，所以存放了好幾年都沒拿出來過的物品，即使上面覆蓋滿滿的灰塵，也不會想過要將之送人或丟棄。

然而，有一些東西早就用不到了，甚至你根本就忘了它的存在。

例如以前會聽的CD片、觀念已被推翻的書籍、剪裁不再合身的衣服……，但你總是沒有時間去整理，你總是想，也許有一天這些東西還會用的到。

這是一種不安，怕要用的時候，臨時找不到東西怎麼辦？但發生這樣情形的機率少之又少，況且當你需要用到的時候，已經有更好、更適合的產品了。

早就不合身的衣服還留著，是心裡還留存過往的記憶，懷念年輕的自己，想像著自己有一天可能會恢復曼妙的身材，但實際上，隨著年齡的增加，你的身形、氣質與喜好都不斷地在改變，你所需要的，適合你的，已經跟以往不同了，但那一份捨不得丟棄的感覺，就會讓你頻頻回顧，忘了把眼光聚焦在現在的自己身上。

家裡的空間是固定的，積累過多不需要的物品，一定會佔據空間，而你要思考的是，物品的空間多了，人的活動空間就變少了，你想把珍貴的空間留給自己或物品呢？

心的空間也一樣，存放了太多的不愉快記憶，就只會讓自己浸泡在不愉快的氛圍裡，所以，在整理物品的同時，也同時在丟棄一些我們不需要的雜物及雜念，把物品整理好，把自己的心靈清理好，因爲，你值得擁有一個舒適、乾淨、明亮的地方及心靈。

Day 06

給你的祝福：
你有足夠的智慧，
面對所有人生的難題。

請你寫下腦海中常常出現的話，

任務

/

一天的三個階段。早、中、晚的念頭。

回想一下，過去幾天，早上起床睜開眼睛時，心中想的事情是什麼？出門時的想法？把它寫在筆記本上。

早上睡醒時——

例：好煩喔！爬不起來，又要上班了。
太棒了！睡的真飽，又是新的一天。

中午吃飯的時候，你心中的感受是什麼？寫下來——

例：真討厭！又不知道午餐要吃什麼了。

我喜歡這樣的生活，我愛我的工作。

我的日子一成不變毫無意義可言。

傍晚在你下班回家的路上及進到家門前，你的感覺是什麼？把它寫下來——

例：終於下班了。好累，好煩喔！

能趕快回家跟家人相聚，一起吃晚餐真棒。

試著觀察自己腦海中常常出現的想法，你得知道，你，都在想些什麼？

鑽石心

—每日一句—

我會隨時關注自己並重視我的感受。

—解說—

思想會影響行爲，當你抱持著正面的想法，心情愉快，相信自己是可以開心過每一天，那麼你很自然地就會在臉上掛著微笑，遇到挫折的時候，你會有信心解決生活中的難題。但你的想法若是負面的，覺得自己不可能開心快樂，每天都有很多的困擾、擔心，臉上自然無法有笑容，呈現出來的表情也會是愁眉苦臉的，心境反映在臉上，懷抱著這樣的心情，一旦與人溝通協調有困難或是遇到工作不順心，很容易就會堅定自己潛意識的想法：「我的人生就是這樣，我怎麼有可能快樂？」

但事實上，想法是可以透過自己的意識選擇的，而前提是必須先了解平時的自己都在想些什麼？都是如何跟自己對話的？是否定還是肯定自己？

所以你必須先觀察一天當中，你心裡面反覆出現的聲音是什麼？

你必須知道自己的情緒保持在什麼樣的狀態，當你覺察到內在聲音常常對自己所說的話，是無法讓你過快樂的生活時，你就有機會調整，改變想法，選擇新的語言跟自己對話。

所以，你頭腦裡面每天傳遞什麼訊息給你？你必須知道自己總是處在什麼樣的感覺及思考模式。

現在，請你觀察一下你現在所處的環境周圍，白色多嗎？有哪一些地方或物品是白色的呢？放下這本書，請你先回答我的問題之後，再繼續看下面的文字。

當我還沒有這樣問你的時候，你曾經注意到自己周圍是哪一種顏色最多嗎？透過我的問話及引導，你才把注意力放在我對你說的話及顏色上面，也就是說現在你把注意力放在我要你看的白色東西上了。

你會發現，之前你根本連想都不會想到這個問題，因為這對你而言不重要，你平常不會特別去觀察自己所處之地有什麼特別的地方，所以今天就是讓你透過觀察，去看見你平常不會在意的事情，去了解你的注意力都放在哪裡。

如果你的內心選擇不善待自己，或常消極的評斷自己，你腦中就會出現煩躁、不耐煩、負面……等言語，若你總是開心、平靜的過日子，那你頭腦內產生的語言就會是鼓勵、愉快、正面的話語，但你若未曾眞正安靜下來聆聽自己，你其實不知道自己都在想著這些重複的事情，這就是一種習慣。

你必須先看見你的想法，然後再選擇，當你願意有覺知的看見自己的內心，去明白自己的心都在何處，試著將注意力放在讓自己是開心、輕鬆、有自信的想法上，那麼你的意識就會協助你看見生活中還有其他的美好。

早中晚三個階段，你都在跟自己說些什麼話？你喜歡嗎？如果不喜歡，換一句話吧！說些鼓勵並會讓自己開心的話。

一旦你能夠發現自己的慣性，也想要改變，那就能創造新的語言去覆蓋自己舊有的信念，試著給自己一個新的念頭，當你有不同的想法，就能夠帶領自己用不同的樣貌去面對生活的每一個片段，用新的想法及態度看待事情，就有機會產生新的行爲及新的契機，才能夠活出自己眞正想要的生活模式。

Day 07

我的祝福：
今天，
你將擁有最棒、最自在的一天。

任務

/

今天，你要讓自己快樂開心，請寫下並完成你爲自己做的三件事情，不依靠別人，你《單獨》爲自己而做的，沒有任何人協助或陪著你完成，你爲自己而做的快樂三件事。

例如：看一本書或電影，泡個溫暖放鬆的澡，爲自己唱首歌，留給自己發呆放空的時間，爲自己泡杯咖啡或一壺好茶，甚至稱讚自己：「你好棒」也可以，只要是你想到可以讓你覺得開心快樂的事情，不管是什麼都可以~~~

呼吸引導2

—每日一句—

我可以擁有快樂的每一天。

—解說—

你可以爲自己的快樂做什麼樣的努力?也許你的快樂是要環遊世界,

但現在沒有辦法做到，但你可以選擇先收集你想去的國家資料，了解這些國家的人文風情，還有你想去的地方有什麼特色？先做一些準備，讓快樂及夢想有開始的契機。

也許，你的夢想是要退休之後，種花、養鳥之類的，那麼你現在就可以考慮了，先種一棵小植物也可以，在還沒擁有花園之前，你一樣能夠欣賞一朵美麗的花。

今天的任務是要主動創造生活中的小確幸，不需要艱難的過程或努力過後才得到的那種大開心，只是小小的喜悅，因爲生活中的事情很多，我們無法排除這些繁瑣讓自己沒有壓力，但能夠享受一些小樂趣，讓一成不變的日子裡多些快樂，你要知道，讓自己愉快無需等待。

在我第一次辦FB社團活動的時候，我認爲最開心的就是今天（第七天的任務），爲自己而做的快樂三件事，當時的我以爲，這一天大家應該都很輕鬆愉快的度過，沒想到有一位朋友，事後回應我，這個題目好難喔！他不知道能做什麼事？

會卡在這一題的原因是：他不知道要如何讓自己快樂。

快樂，是一種很私人的感受，也只有自己才知道快不快樂，每個人都是獨立而不同的，有人可以輕易享受一個人的快樂，但對有些人來說是卻是有難度的。

所以每個人都需要學習，如何能夠獨自的享受快樂，當你能夠讓自己是開心的，那你就不會依賴別人，不用等待、祈求他人空下時間時才能陪伴你，因爲，需要仰賴他人時才可以得到的快樂，太難掌握也太容易失望了。

所以必須創造可以讓自己快樂的事情，可以是很簡單的，你天生就擁有容易快樂的能力，當你還是個小孩子時，你會因爲一件小事情就開心的不得了，也會經因爲吃了好吃的食物就非常滿足，也會因爲獨自完成一個積木或拼圖而雀躍不已，甚至到戶外跑跑跳跳就興高采烈的。

若你還不知道能做些甚麼，想想小時候的你吧！

現在的你，也許因爲生活的壓力，忙碌的工作，肩頭上的責任，讓你無法好好的放鬆，但，你依然有選擇，可以到附近的公園散步一下、聽一首你喜歡的音樂、哼一段歌、到陽台上吹吹風、看看天空、讀一篇文章、爲自己打杯果汁……，想一想，有什麼事情是簡單又能讓你開心的呢？

你無法拋下生命的重擔，但你可以給自己下課10分鐘，喘口氣，好好休息一下，當你的快樂是如此平凡又容易獲得，你就越能輕鬆愉快的面對生活，這樣的愉悅心情，就會產生快樂的正能量，既能讓自己快樂，更能讓身旁的親朋好友感受到你身上散發的愉快氣息，你跟人相處的氛圍也就更輕鬆，產生一個快樂的循環。

至於無法快樂的少數朋友，可能必須再深入去看原因，有些人的快樂是需要朋友的帶動，或是有人陪伴在身邊，當自己一個人的時候，不太知道如何與自己相處。

也有少數人是因爲從小看父母吵鬧，覺得父母不快樂，所以內心深處也不敢快樂，怕過得比父母快樂，內在會有一種背叛父母的隱微罪惡感升起。

也有人是不自覺的習慣性悲觀，因爲有過多的擔心，有莫名的恐懼，害怕樂極生悲，怕快樂之後會有未知的事情要面對。

也有可能是還不知道如何讓自己快樂，不習慣把焦點放在自己身上。

究竟是什麼原因讓自己卡住，這需要去探查，也要有意願去面對。

但這次任務的目的是去做、去體驗，去創造讓自己快樂的機會，所以不做更多的探討，只是單純的透過這件事，讓你去覺察自己的狀態。

如果你想，再更深層次的看見自己一些，就等完成這本書的21天之後，再回頭重新做一次你卡關的那一天任務並重複聽音檔，有一些答案可能就會自然地浮現在你心中了。

Day 08

我的祝福：
笑容滿面的你，
是這個世界上最美麗（帥）的人。

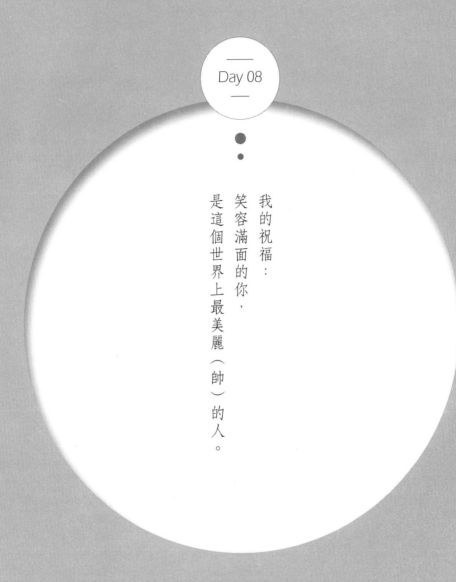

任務

/

回顧第一到第七天。

請你將書本往前翻，閱讀前面七天，你在筆記欄上所寫下的字。

如果你有新的感受或想法，請寫在筆記欄上的空白處。

第一天：對於你寫下的自己，還有要補充的嗎？如果有，請補充在筆記上。

第二、三天：查看你自己跟父母的特質。

我們因爲成長環境看著父母的言行舉止長大，不知不覺潛移默化而學習到他們待人處事，對生活的態度進對應退，所以會承接了他們生命中的某一部分，然而現在的你，不再是小孩了，是能夠獨立思考的個體，可以選擇留下自己想要的部分，不想像爸爸媽媽的部分就讓我們一一卸下吧！你可以選擇，做你喜歡的那個自己。

第四天：寫出對我們生活有意義的朋友名字，是提醒著我們，生命的過程中，都會有重要的人陪伴我們度過人生的一小段旅程，我們是有支持者的。

如果今天你還有想到人名，就請你再補充上去。

註：冥想擁有音檔，要你想像一個朋友，讓他將你欣賞優點特質的部分，分享給你，只是一個提醒而已，那是你身上本來就有的特點，只是你一直沒有發現，也沒有運用出來，請你仔細注意你所欣賞的部分，你也有的。

例如：你選擇的是耐心，你本身就是個有耐心的人，只是你期待更多，那麼，現在的你將擁有比原本更多一些的耐心了。

如果你選擇的是美麗，其實你早就是美麗動人的，只是你沒有完全抬頭挺胸自信並微笑地走在路上而已。

當你眼睛向外看時，對面的人就像鏡子的反射一樣，會照映在自己你的身上，當你是善良的，知道善良會是什麼樣子，你就看得見善良，所以看得見對方有這個優點，若你自己沒有善良這個部分，你不會知道什麼樣的姿態是善良，也就不會從對方身上看到這個優點。

請你靜下來，深呼吸三次，給自己一點時間回想，你選擇的是什麼？

這些特質，一定早就存在了。

如果你發現了，你擁有這項特質，請你把它寫在筆記本上。

第五天：去看看你整理過的地方，是不是一樣維持著整齊乾淨的樣子？

今天，你還有想要整理的空間嗎？請寫下來。

提醒自己，你值得一個乾淨整齊舒適的環境，你一定可以擁有平靜清澈的心靈。

第六天：想像你自己的頭腦，就像一部收音機，總是在你的腦中播放重複的聲音，你腦中的聲音是負面的？還是正面積極的？關掉收音機批評自己或是抱怨他人的部分，換一個你喜歡的頻道吧！

你可以用正面肯定的語氣對自己說話。

例如：我面帶微笑地醒來，我期待嶄新的一天……。

我認真努力的生活，我很欣賞自己

我滿意現在的生活，充實的度過每一天

建議：將每天的鬧鐘提早1~3分鐘，鬧鐘一響，不要急著下床，放鬆的躺在床上，先做腹式深呼吸三次，給自己一個正面的鼓勵話語之後再起床活動。

請在筆記本上寫下你想鼓勵自己的正面文字，從今天起，你腦中的聲音，都是正面並支持自己的話語。

第七天：你可以成爲一個快樂的人，你值得過快樂的生活，你絕對可以創造讓自己開心的事情。今天，再想一下，還有其它能讓你開心快樂的事情嗎？補充在你的筆記本上，你值得擁有很多快樂的事情。

光的冥想

—每日一句—

我願意也值得享受美好的事物。

—解說—

註：當我們想要某一個人身上的特質時，就代表我們是有覺察力的，

知道自己若是擁有這一份特質，就可以讓生命變得更美好，也能讓自己活得更符合心中所期待的樣子，當我們能夠體認到這一點時，就已經更貼近這份特質，那麼，這份領悟，就能夠提醒自己，將這份自己所需要的特質展現出來，就算現在沒有明顯的感覺到擁有這個特質，但當有一天，你真正體會到自己有需要的時候，你渴望擁有的這份特質，就一定能夠從你的身上發揮出來。

Day 09

我的祝福：

你的心清澈明亮，可以看得見自己。

任務

/

在筆記本上寫下下面的問題答案。

有什麼東西是你想要但現在沒有的呢？

有形的，例如：金錢、房子、車子、朋友、健康、家庭、珠寶、名牌包……

無形的，例如：自信心、愛、生命力、快樂、名聲、創造力、成就感、平靜……

都可以，不限幾項，想要的就寫下來

#請先閉上眼睛，做三次的深呼吸，讓心清楚並明確知道你的渴望之後再寫。

呼吸引導3

—每日一句—

最了解我的那個人，是我。

—解說—

如果沒有經過仔細的思考，你有可能會誤以爲這個社會的價值觀，就是你個人的需求，有錢、有房子、有車子、有名氣、有權勢，就是你所需要的，而擁有這些之後，你就會有眞正的快樂及個人價值。當然，不能否認的是，擁有這些外在的物質或名聲，確實會讓生活更便利、更輕鬆、也能擁有更多掌握的力量，但你有可能忽略的是：自己眞正想要的是什麼？

例如：有一部屬於自己的車子，可以爲人帶來交通的便利性，但如果你是住在台北市，車位難求，除了停車不方便，出門要找停車位需要花費很多的時間之外，買車子也要先拿出一筆費用，之後還要繳車子的保養費、保險費、牌照稅、燃料稅及停車位的費用，而車子還會不斷地折舊。若沒有買車，你可以選擇搭計程車、搭捷運、騎腳踏車或步行上班，5年算下來，不買車，或許還可以爲你節省一筆費用呢！

但社會價值觀，卻是有車、有房，才算是眞正有品質的生活，沒有車這件事情，或許會讓你感覺到自己比不上別人，但你如果眞正的去思考，什麼才是適合你的生活交通方式，那麼，要有車這個想法，或許就是框架住你的一個限制，並不會讓你獲得眞正想要的或是符合你需求的，你要眞的靜下心來，去思考，你，眞正想要的是什麼？而不是這個社會認爲你應該擁有的。

Day 10

我的祝福：
你一定可以得到你所希望也想要的東西。

任務

/

請先閉上眼睛並做三次的深呼吸，靜下心來，翻閱昨天的筆記，再次確認昨天寫在筆記本上的東西。

1. **昨天寫的有哪幾樣是你一定需要的？今天有再增加其他的嗎？請你寫下來。**

2. **你擁有這些會是什麼樣的生活？**

3. 沒有這些你的生活是如何的？

4. 你要如何得到你所想要的？試著想想看，有什麼方法是可以讓你獲得你要的？

盛開的花

—每日一句—

我能創造我想要的一切。

—解說—

經過一天的沉澱，你想要的東西跟昨天是否有所不同？

人是慣性的，多數時間照著習慣生活著，也用固定的模式思考，所以昨天任務第一時間的答案，即便你以為你是經過思考才得到的，還是有可能不是你真正想要或需要的。

所以你能做的，就是寫下來。更要思考，當你擁有了這些在你認知裡想要的東西後，你必須再問自己第二次，並想像，當你擁有這些之後，你的生活是否會有所改變？是否會讓你活得更有意義，更貼近你所希望的生活模式？會為你帶來什麼樣的感覺？當你感受到擁有這些時，你心中湧起悸動，確實可以更享受人生，也會讓你過著不同於現在的日子，那麼，這些是真正符合你心中想要的，你就有一個方向可以前進了。

再換另外一個角度想，如果你沒有擁有這些你想要的東西時，你的生活是否會過得比較不快樂？有很多的無奈跟不滿意？那麼，你想要的這些東西，你就必須努力認真的去爭取、去獲得，因為那是你生命中不可或缺的東西，當你清楚欠缺的，並有了初步的確認，就可以開始思考如何著手，你就會知道該朝哪個方向進行了。

若你的實際生活中，沒有這些東西，並不會爲你帶來不便利，甚至沒有影響你的生活，你寫下來的這些東西可有可無，那麼，需要就只是你的想像，你誤以爲有了這些東西，你的生命就會變得豐富、快樂，而其實，這是你頭腦裡面創造出來的幻像，也就是誤會一場，你並沒有那麼了解自己，你只是依照著社會一般人的認知而以爲自己需要那些東西，你必須回到當下，了解什麼樣的生活是適合你的，進而更懂自己，而不是活在別人的期待裡，因爲，什麼都不缺的你，已經是過著豐盛且無憂的日子了。

Day 11

我的祝福：

你的生命裡充滿了愛與祝福。

任務 /

先選擇一個你愛的人（爸爸或媽媽，女兒或兒子，先生或老婆，情人或是你喜歡的一個朋友），都可以，我們只選定一位。

1. 先在筆記本上寫下，你因爲愛他，而爲他做出愛的事情或行動。

例如：他不高興時逗他開心。

在他生日時會特別準備驚喜。

當他肚子餓的時候，會馬上準備他喜歡吃的食物給他。

幫忙分攤他的工作。

2. 當你寫好之後，去詢問這位你愛的人，在他的印象中，你曾經爲他做過什麼，他感受到是被你愛著的事情。

把他說的事情記錄在筆記本上。

3. 寫下你愛的人曾經爲你做的事情，讓你感受到他是愛你的，再去告訴這個人，謝謝你爲我做的這件事情，我感受到你對我的愛。（最好的方式是親口告訴他，但你也可能很難說出口，也可以選擇傳訊息或寫紙條、寫信告訴對方）。

呼吸引導—覺察

—每日一句—

我有愛人的能力也有被愛的權利。

—解說—

「我就是因爲愛你才會跟你結婚，我不需要將愛掛在嘴邊，你也會知道啊！」你內心聲音是像上面這樣的嗎？現實生活是忙碌的、是會倦怠、會疲乏的，這時候最需要的就是溫暖的語言、關心的眼神或是體貼地送上一杯茶或水果，讓關係加溫，這樣的愛才會流動，但因爲習慣不再說感謝或愛，得不到心中所渴望的愛，夫妻有可能開始懷疑彼此之間的愛，當初眞的是因爲愛而結婚選擇在一起嗎？爲何感受不到愛？

我們常常把愛放在心中，以爲卽使我沒有說出口，對方也會感受到我對他的愛，當然，這個牽涉到關係中的默契及對彼此的理解，的確有少數的人，卽便不說愛也能透過眼神或肢體動作去感覺到愛的流動，但如果能夠再把愛說出口，讓彼此更確定對方的重要，那這樣的關係，一定能夠更美好。

而父母對孩子的愛，也經常是使用責罵、嘮叨，並透過對他們的限制，期許孩子成爲一個更好的人，父母心裡以爲用這樣的管教方式，孩子會懂得你的付出及對他們的疼愛，但請你試著變成孩子，站在孩子的立場上想，當孩子想到媽媽或爸爸這兩個名詞時，他感受到的什麼？是愛？是溫暖？是壓力？是煩躁？

所以，這個愛的任務，除了將愛說出口之外，我還希望大家可以核對一件事，彼此對愛的認知及感受，是否有落差？

我給對方的，以及對方給我的愛，彼此是否能夠感受到？所給予的是我或對方想要的嗎？或者我只是做我認爲對方會喜歡或想要的事，但對方對我所做的事情其實並沒有特別感受到愛？我眞的了解對方是想要如何被對待嗎？

例如：我辛苦的煮了一頓晚餐，希望另一半知道我重視他的健康，也想要他吃的開心，這是我愛他的表現，花了很多的心力爲他做的事情，但其實，他可能比較喜歡吃外食，他並不喜歡我在廚房忙了老半天，流了滿身汗的樣子，他希望兩個人可以悠閑的吃個飯、聊聊天，也不用飯後洗碗。

如果，可以透過詢問跟表達，並將愛說出口，就有機會讓相愛的人，更懂彼此也更清楚對方所需要的是什麼？愛的關係可以更靠近，除了理解自己之外，也能夠更懂得對方所需要的是什麼，這樣的關係，就會更穩固更緊密，也能讓彼此都能夠在關係中得到滿足及幸福感。

Day 12

我的祝福：
只要你願意去嘗試、創造，
生命一定會回饋你，你想要的生活。

任務

/

在筆記本上寫出以下題目的答案。

1. 你快樂嗎?

如果答案是快樂，請你放下本書，閉上眼睛，深呼吸三次之後，再問自己一次：「我真的快樂嗎?」

如果答案依然是快樂。那你今天的任務已經完成了，下面的題目可以不用做了。

但還是要聽音檔跟抄寫每日一句。

2. 是什麼阻擋了你？讓你無法眞正快樂？請寫下原因或人。

3. 如果這件事情永遠沒有辦法解決或是這個人永遠也不可能改變，你就永遠無法快樂了嗎？

4. 你想要從什麼時候開始快樂？

愛自己

—每日一句—

我的人生由我自己負責。

—解說—

快樂，是每個人都想要的，它是一種感受、情緒，是無形的，是會出現也會消失的，所以不可能一直停留在這樣的狀態裡，但我們若能夠時時覺察自己的感受，檢視心情的起伏，讓心維持在多數平靜的時刻裡，不被外在的環境因素攪擾，在平靜之中，快樂就容易時常出現而變成常態。

第一個問題是你快樂嗎？有一些人用直覺回應：「是的，我快樂。」這是很正常的，因爲當我們對自己的瞭解不夠深的時候，快樂很容易停留在淺表，這時候的反應，有一部分是理所當然的認爲自己應該要快樂，所以這個回應不一定是自己眞實的生命狀態。所以我要求深呼吸三次，再問自己一次，你眞的快樂嗎？

在閉上眼睛，隔絕視覺的干擾，透過深呼吸沉澱之後，讓心眞的靜下來，回答這個問題的工作就不是頭腦的反射，而是讓自我內在深層的感受浮現，此刻的答案就有可能不同了。

誰不想快樂？每個人都想要快樂啊！但是……

但是，總是會有人或事物干擾你，讓你沒辦法快樂，所以，今天的任務讓你認真去思考，究竟是誰？阻止你快樂？

有一種誤解，以為自己不能快樂是被人、事、物、生活現實阻擋了，所以才無法真正快樂。

因為某一個人做了讓你生氣的事情，他沒有道歉，也不改變他的行為來符合你的期盼，所以只要這個人持續出現在你的生活中，你就無法快樂，而事實是，你不自覺地將情緒的決定權，交給他人。

或是你有正當理由，沒有好的家庭、屬於自己的房子、好的工作、金錢，所以就沒有辦法快樂。

金錢、物質，確實可以讓生活的品質提升，但卻不等同快樂，所以總會有新聞報導，少數明星，受憂鬱症所苦，也活得不開心，然而，他們多數是俊男美女，不論外表、財力、知名度，全都是讓人羨慕的，怎麼會這樣？

這個世界上，快樂指數很高的國家之一，不丹，並不是經濟良好的，人民也不富足，若以現在的社會價值觀來看，是個貧窮且落後的國家，但人民的幸福快樂指數卻能在高標，可見有錢人不一定是比較快樂的，貧窮的人不一定就痛苦、不快樂。快樂，是可以由自己的心決定的。

別人阻擋不了你快樂，唯一干擾你的，是你對自己的限制。

如果你在假日的早上睡醒睜開眼，發現今天是個好天氣，陽光燦爛耀眼，你可能會覺得快樂，決定要去戶外走走，但也可能會抱怨，太陽好大、好熱，眞是刺眼，擔心皮膚被曬黑，根本不想踏出家門一步，同樣的陽光，卻有不同的感受及行動，就只端看你如何想。

也許你已經有一段時間是悲傷的、憤怒的、痛苦的……，不知道如何快樂，那麼，下次流淚時，別再低著頭，記得將頭抬起，臉部朝上，看向天空，問自己：「我打算哭多久呢？」

覺得痛苦時，站起來，走到戶外，深呼吸一下，看看你的環境周圍有什麼？問：「我能爲自己做些什麼？」

憤怒時，別只是握緊拳頭，請走到鏡子前面，看著自己，問：「我還要生氣幾分鐘呢？」

壓力很大時，動動脖子跟肩膀，離開椅子做一下身體的伸展，問：「我現在要如何照顧自己？」

試著做出跟以往不同的行爲，跳脫固有的既定模式，你才能眞正體驗到，原來你是有其它選擇的，當你不知道有別的方式時，你才會眞的沒選擇，重點是，你必須問自己：「我有想要改變嗎？」你是否願意換個模式？

一旦你決定要快樂，不將情緒的遙控器交給別人，那麼你就有調控自己情緒的主動權，你可以選擇樂觀、積極地面帶微笑看待生活中的每一件事情，也可以選擇不抱怨，選擇做些什麼讓自己快樂，你要如何想，是否要微笑，都是由你決定，當你認淸楚這一點的時候，別再等待了，你現在就可以開始快樂，沒有任何人有權利阻擋你將微笑掛在臉上。

Day 13

我的祝福：
不管面對什麼樣的困境，
你永遠都能夠順利走過，
你比你自己想像的，還要堅強。

今天請先在筆記本上寫完任務，再聽音頻。

任務

/

在你的生命中，有沒有目前你無法原諒的人？或是讓你感覺到受傷痛苦的人呢？想到他，你就會傷心難過，或有沒有人讓你覺得生氣，一想到他，你就充滿了憤怒的感受？

今天，只選擇一位，你願意嘗試原諒他。

這個人可能是你的同事、朋友、愛人、親人，甚至是你的父母，都可以，不管他是誰，是什麼身份或輩份。

請你在筆記本上寫下他的名字。並在筆記本上寫下以下問題的答案。

1. 他做了什麼事情讓你如此的難過？

2. 如果你要原諒他，需要什麼條件呢？

3. 如果他做不到你的要求，你是不是就永遠不原諒他了？

4. 你不原諒他，他會過得比較不好或痛苦嗎？

5. 你原諒他，他會過比較好的生活嗎？

6.不原諒他，你過著什麼樣的生活？

7.如果原諒他，你會怎麼樣呢？

寬恕

—每日一句—

我無法控制別人的語言跟行為，但可以選擇放下，讓自己的心情平靜。

—解說—

我們一定傷過人也曾被傷害過，這是無可避免的，我們能做的是預防，所以要提醒自己深思熟慮之後再說話、再決定、再行動，這也是爲什麼要做呼吸練習，就是要培養自己有一顆平靜的心，隨時能關注自己的狀態，當情緒不穩定時，提醒自己讓呼吸變慢、心變慢、動作變慢，留給自己一個空檔思考，才不會因爲衝動而犯錯。

但受了傷或傷了人，怎麼辦呢？

我們都知道要原諒，能寬恕是最好的。但因爲每個人的傷口深淺不一，受傷重的人很難原諒對方，但不寬恕別人就只是讓自己充滿傷心痛苦，別人傷害過我們一次，我們卻在心底重複喚起這些傷痛，不斷地想起複習，用這些傷痛事件來殘害自己的心，反而變成處罰了自己，沒有人會想要待在痛苦的深淵裡，也都懂這些道理，卻不知道該怎麼做。

所以，我在此提供放下過往傷痛的一種方式，寫下讓你難過的事情，透過思考及冥想音檔，陪著你，試著原諒讓你受傷的人，如果今天能夠寬恕，那是最好的，讓傷修復，讓你的心可以平靜。

若做不到原諒對方，那也是正常的，接受自己還無法原諒對方，也請看見自己有一顆願意原諒的心，你已經努力試了，**你有不原諒的權利，但也是永遠有選擇的**。

放下傷痛不是只有原諒一途，還有心理諮商、自由書寫、明白及理解、重新定義事件等方式……，但現在我選擇最簡單而你也能自行練習的其中一種。

也或許有一天，你療癒了自己，心裡充滿了愛的力量，你甚至不知道你做了什麼，而傷痛就已自行遠離了。

所以，不急著原諒沒關係，因爲，當你沒有準備好卻選擇原諒的時候，那是沒有照顧到自己，還不夠疼惜自己，只是因爲大家說要原諒，你就原諒了，這樣的自己，還會是悲苦難過的，這種原諒是委屈的，而且人世間的怨恨情仇，也不一定要透過原諒或寬恕才能眞的解脫，在這裡，我只是提供一個方法而已，不用糾結在自己目前做不到原諒這件事。

因為寬恕一個人，不是用嘴巴說，也不是用頭腦想，有時候要放下對對方的怨懟，等於要同時去面對自己受的傷，也要願意讓傷修復，還有一個層面也代表著要跟對方某一部分的連結做切割，要讓對方從你的心底深處離開，也意味著沒有可怪罪之人，以後的人生，自己要全然負責，那必須有勇氣，自己要有力量，更是一種決定，一種割捨，一份疼惜自己的心，等到因緣具足，自然而然地願意放下了，就不會讓傷，重複在心底喚起，那時候也不需要寬恕了，當所有的一切都不會再造成你的傷心痛苦，那就是眞正的放下，傷痛會自然的離去。

所以，今天做的冥想練習，只是讓你知道，你是有所選擇的，也可以知道，如果想要原諒他人，是有方法的。

請選擇一個你可能比較容易原諒的人，等你原諒之後，體驗到放下的那種輕鬆自在，再另外找時間原諒其它你想要放下的人。

今天的你，只要看見你有一顆善良、慈悲、願意試著寬恕的心，就已經很足夠了，你已完成任務了。你已經願意試著～爲了自己，讓生命有彈性，心更柔軟些了，請肯定這樣的自己。

我無法決定別人怎麼對待我，

但我可以選擇：

我，怎麼對待我自己。

註：也許你並沒有需要原諒的人，這樣很好，但仍建議你聽音檔，有時候，一些積壓在心底的情緒，也能透過今天的冥想得到釋放。

Day 14

我的祝福：你的心，永遠都是自由的。

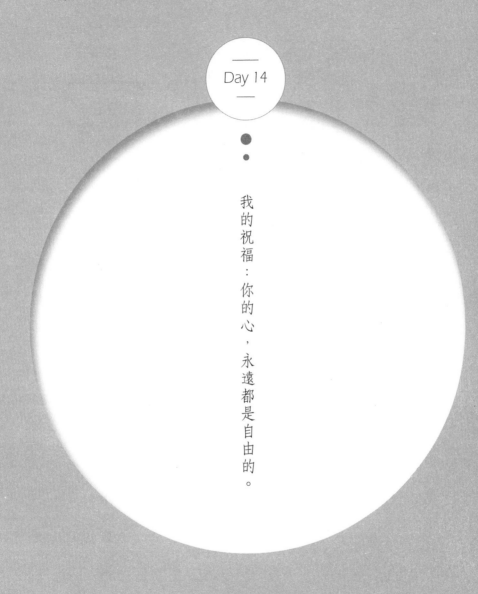

任務

/

寫下你將要過的生活方式，至少10樣，用〔肯定〕句寫下來。

例如：

1. 我〔要〕面帶微笑地醒來，開心迎接嶄新的一天。
2. 我〔要〕一份可以讓我愉快又喜歡的工作。
3. 我〔擁有〕健康的身體。
4. 我「會擁有」足夠的財富，讓我可以自由使用。
5. 我「能夠」住在我喜歡的房子裡。
6. 我「就是」富足的人，心靈喜悅、身體健康。

請你在筆記本上寫下10件你會擁有這些幸福快樂的事情。

想要的生活

—每日一句—

我能創造並過我想要的生活。

—解說—

信念是很重要的，就像一部電腦，它被設定什麼程式，就會執行什麼樣的任務。

而你的信念是由你創造設定的。

若你的信念是：我一定會成爲有錢人，當這個信念產生，伴隨而來的就是態度及行爲，會引發思考，我要怎麼樣做才會有錢呢？要用什麼樣的方式去賺錢，於是你就開始會去執行成爲有錢人的任務，然後達成目標。

但如果你的信念是：我絕對不可能成爲有錢人，那麼你就不會思考如何賺錢，就算有機會，也會被自己的信念框架住，既然我絕對不可能變有錢人，那麼我做再多的努力也沒有用，而放棄任何賺錢的機會。

當然，有信念不代表你一定會得到你想要的，而是有信念，產生了動力，驅使著你往這個方向努力，也就是信念引發行爲，進而產生結果。

有一個嗜酒如命的酒鬼，他有兩個兒子，老大是成功有錢的大企業家，老二是酒鬼，有人問起他們的人生故事。

爲何你會成爲一個如此知名的大企業家呢？老大回答：「因爲我的爸爸是酒鬼」。

爲何你爲變成一位酒鬼呢？老二回答：「因爲我的爸爸是酒鬼」。

同樣的事實，就看你如何想。

「因爲我的爸爸是酒鬼」，我絕對不要跟他一樣，所以老大選擇不過那樣的人生，他的信念是他要創造自己希望的生活，絕對不要像爸爸，老二則是抱持著老爸如此，我哪有什麼辦法改變的信念，我只能跟他一樣，這是他們的宿命還是選擇的結果呢？

有一些人因爲現在過得不好，很痛苦，面對每天的生活日常都是很大的困難了，沒有辦法或不敢去想像未來。但實際上是要對未來有希望、有想法、更要去思考將來想要過的生活樣貌，反思之後，就可以知道現在在做的事情，哪一些是會幫助你，哪一些是阻礙你的習慣，清楚知道你未來想過的日子，了解你現在正在過的生活方式，跟理想中間的差距有多大，你正在幫未來加分或是讓你永遠停滯在這裡，甚至是讓你離目標越來越遠。

當年齡不同，且隨著生命的歷練變化，你心中想要的生活也許早已不同以往，但你不會有機會停頓思考，現在，你是否清楚想要過的生活是什麼？

朝那個你想要的方向前進，設立目標，你就不會原地踏步或是走錯方向，隨時檢視自己的狀態，是否正邁向你想要的理想生活，請你好好想一想，並設定你未來的人生想望吧！

Day 15

我的祝福：你值得擁有很多美好的事物。

任務／寫下家裡你最喜歡的地方？原因？

如果有很多地方是你喜歡的，也請寫下來。

例如：

我最喜歡我的床。

因爲我可以將身體的重量全部交給它，我能夠得到最好的休息。

我最喜歡的地方是我的梳妝台。

因爲它讓我看見自己，整理儀容，可以讓我帥氣或美麗的出門。

我最喜歡的地方是我的書房。
因爲我可以在那裡閱讀我喜歡的書，寫我的筆記。
也許你喜歡的是浴室、陽台、廚房、頂樓、客廳……
都可以。

若目前家裡沒有一個你喜歡的地方，請你想一下，你可以創造哪一個角落，讓你自在放鬆安心的？
這個家，有一個你專屬的地方，把它找出來，寫在筆記本上。

呼吸引導4

—每日一句—

我可以創造專屬於我的生活環境品質。

—解說—

家，是可以讓你安心、休憩、放鬆又有歸屬感的地方，在這裡，你能夠全然自在的做自己，讓身體及心靈安頓。但很多人只是習慣的過日子，不曾想過可以在這個家裡找到一個眞正屬於你的空間，這個地方不用太大，但卻是你最喜歡的、你爲自己創造出來，專屬於你的，只要你看到這裡，就會感受到溫暖、喜悅，知道這是你疼惜自己的方式，願意爲自己而整理的空間，讓你的思緒可以釋放。

那也許是你爲自己種滿了花草的一個小窗台，也可以是一張你喜歡的椅子放上舒適的坐墊，就擺在這個家裡的某一個安靜的角落，當你坐在這裡，你可以放鬆身體，輕輕的閉上眼睛，慢慢地深呼吸著，你知道這一個小小的空間，專屬於你，你甚至可以在這裡靜心做呼吸練習。

也可以是你的梳妝台，擺著你所喜歡的保養品，那是你照顧自己身體的方式之一，在臉上輕輕的拍化妝水或擦上乳液的動作，感受手指、掌心與自己臉頰的接觸，這是你能夠與自己身體好好對話的時刻。

你的床很重要，讓你的身體得到支撐，把重量全部交付給它，它陪著你入睡，時間至少有八個小時，換上你喜歡的床套、被單，那也許是或深或淺的藍色，當你躺在這裡，你彷彿躺在藍色天空下，天空是你的被，而你徜徉在藍色寬闊的海洋床單上。也許你喜歡的是粉色系，浪漫清新，那就讓自己悠遊在這份輕柔浪漫的自在裡。

這是你能爲自己創造的簡單事情，容易卻能帶來很多的樂趣，你的生活裡，值得擁有更多的美好。

Day 16

我的祝福：你值得被好好對待。

今天請先寫筆記再做冥想。

任務

/

在你的心中有沒有一個人讓你覺得遺憾？

也許是一段不成功的戀情，也許是因爲誤會而不再聯絡的朋友，也許是已經離世的人，你再也不能見到他的面了。也許是你的疏忽，讓事情搞砸了，也許是因爲你不小心說錯話、做錯事，或當時的你，是無能爲力沒有選擇的。

請你寫下讓你遺憾的人及事情。

原諒自己

—每日一句—

我會慈悲寬容的善待自己。

—解說—

有時候，原諒別人比原諒自己容易，我們可以看見別人的脆弱、傷心、後悔，願意原諒對方的錯，給對方一個機會改過，也願意去安慰對方的心。卻看不見自己的內心世界，容易讓自己陷入無限後悔的循環中，我們無法更改已經發生的事情，但我們可以調整自己的想法，並善待自己，當你放過他人的同時，也記得，永遠要放過自己。

人，是不斷學習並成長的，以前的你，也許有一些不足或還不懂的地方，可能曾經說錯話、做錯事過，當時的你，若是夠成熟，我相信你一定不會用那樣的方式去處理，或是你知道還有其他選擇的話，你必定會用更好的方式，去應對的。

但，當時發生的事情，是當年那個歷練還不夠，還沒有足夠豐富經驗的你去處理的，不是現在智慧俱增的你去面對的。

所以，別用現在成熟的你，去看待過往曾經做錯事情的你，請用更寬廣的心來看待自己。

這世界上，不可能有一個人，不會說錯話或是不會做錯事，因爲這就是成長的過程，也正因爲會錯，所以，我們才學得會認錯，才做得到寬厚並包容別人的失誤。所有的人都一樣，需要透過這些練習，才能獲得經驗，才知道自己能夠修改調整的地方在哪裡。

錯了，才知道如何做對做得更好。

人生很長，還沒有走到盡頭，每天都有不同的事情在發生，你做對了99件事情，沒有好好去欣賞這些你做好、做對的事，卻把焦點放在曾經做錯的一件事情上，這樣看待自己的態度就會偏頗、狹隘了。請你試著把焦點放在這件遺憾的事情底下，是否有其它的訊息？這個你生命中的曾經經驗，要告訴你什麼？

也許是悲傷，你陷入深沉的陰暗中，在這裡，你渴望光，想要溫暖，它讓你學會釋放情緒，懂得安慰自己，學會疼惜一顆受傷的心，看見了自己的堅強。

也許是失落，你失去了永遠不會再有擁有的人或物品，這個很深的失去，讓你學會了珍惜，知道什麼對你而言是最重要的，讓你知道未來如何避免遺憾的發生。

當你願意接納過往所有的一切，無論好壞，知道現在的你，是過去的你成長而來的，所有發生的事件，都是爲了成就現在的你，當你眞心收下所有的過往一切，理解了痛苦、傷心、快樂的過去都是爲了讓你找到自己，看見自己，你想要有一個什麼樣的人生？

當你懂得自己想要成爲什麼樣的人，開始學會愛自己、信任自己之後，你明白了，過去的事是必然要發生的，你人生的道路就是要這樣子走，那麼，這些發生在你生命中的過去，都將成爲滋養你未來的成份，提醒著你，再遇到相同的困境，你是有不同於以往的選擇跟做法的，你的內在蘊含力量，可以將過去轉換爲生命的助力，擁抱你生命中所有發生過的一切，你就能夠踩著過去並帶著一份對自己的信任，一步一步堅定的向前走，邁向你心中眞正想要的未來，而你也終將會抵達那裡。

Day 17

我的祝福：你的周圍充滿愛，
保護你、滋養你，
你有足夠的力量、智慧，
去面對生命中的所有困難。

任務

/

寫下六件值得感謝的事情。
如果你有更多值得感謝的也可以寫下來。

例如：
感謝我有一個家讓我居住，累了可以休息，不用擔心沒有地方可以去。
感謝我有家人或朋友，或是寵物，在我想要發牢騷不開心的時候可以陪伴在我身邊聽我抱怨。
感謝我有工作讓我不用擔心沒飯吃。
謝謝我的身體，他們如此的完好，讓我可以到處遊玩行走。

感謝我出生在台灣，氣候宜人沒有戰爭，可以安穩的過日子。
早上一睡醒，就有人爲我準備好早餐，感謝這位愛我的人。

支持冥想

—每日一句—

我看得見我所擁有的美好。

—解說—

擁有一顆感謝的心，是這個世界上最能夠讓人感受到溫暖的事情之一，那代表著你可以收得到別人對你的付出及善意，你有一顆安穩美麗的心，看得見這世界上所有的美好。

多數的人都是固定模式生活著，對於身邊所擁有的一切，很自然地會認爲理所當然。

有房子可以住，卻忽略了這間房子可能是父母努力工作買來的，或頭期款是父母爲了你而付的。

回到家，有熱騰騰的飯菜可以吃，是應該的，因爲你工作辛苦了一整天，卻忽略了，爲你準備晚餐的那個人，需要先想好備什麼樣的菜，必須趕在你回家之前，洗好菜、煎好魚、煮好飯，當你推開大門進入屋內的那一刻，空氣中瀰漫的飯菜香，還隱藏著愛與辛勞，但你是否曾經細膩的聞過那個味道，是否曾向爲你煮飯的那個人道謝過呢？是否曾經試著回饋對方呢？

想想看，你擁有什麼呢？

有什麼會讓你打從心裡頭湧起眞正的感謝之意？

別羨慕別人所擁有的，請你靜下心來，看看發生在身邊的事情，曾經有什麼人，幫助過你或帶給你一些啓發，你就可以感受到，在這個世界裏，你並不孤單。

當你願意留意時，你就可以接收到他人的關心。

一個匱乏的人，會對世界不滿，是無法感謝他人的，但你能夠感謝，因爲你知道，你是豐盛的，你所擁有的，比你想像的更多，你只是有時候忘了，所以，感謝，是一種提醒，讓你把焦點放在你所擁有的事物，多留心一些在你身邊的善意，也請謝謝你的雙眼，讓你可以看見這明亮的世界。

Day 18

我的祝福：你是這個世界上最美好的生命。

任務

/

今天請你坐在鏡子前面，做三次的深呼吸，把心靜下來之後，看著自己，從頭髮、額頭、眉毛、眼睛、鼻子、嘴巴、下巴，整個臉部，仔仔細細地看著自己，不要忽略任何一個臉部的地方，專心、認真的看待自己。

用專注、溫柔、充滿愛的眼神看著鏡中的自己。

等你準備好了，請你用緩慢堅定的語氣說出以下的話。

叫出自己的名字

＿＿＿＿，我愛你

謝謝你那麼認真努力的活到現在

我全然接受你所有的樣子

我愛你所有的一切

你值得擁有幸福快樂的人生

我無條件的愛你，永遠如此的愛你

這個練習，跟平常照鏡子不一樣，請你按照我上述的方式進行。

請「坐」在鏡子前面，不是站在鏡子前面哦！

不是每個人都有辦法輕鬆或快速地完成～

剛開始看著鏡中的自己，你可能會覺得好笑、有點尷尬、覺得有點困難，甚至會有情緒湧上來，會落淚或想哭，說不出話，都沒有關係，請你全然接受這些感受，你也許從沒有這麼認真關注過自己的經驗。

不急～慢慢來～

如果第一次沒有順利完成，

你還有第二次、第三次可以繼續，你有時間完成這個任務。

給自己多一點時間，給自己支持，再試一試，慢慢來，你一定可以完成的。

擁抱自己

—每日一句—

我全然接納並欣賞獨一無二的我。

註：今天的冥想練習，請你用音檔照片上的姿勢坐著，右手放在左邊的腋下，左手放在右手三角肌上面，這是一個簡單的擁抱自己方式，身體敏感度高的朋友，也許可以感覺到自己的心跳噢！

若平常下班回家，有疲憊、壓力、委屈時，也可以在房間裡，安靜的坐在椅子上，這樣安心、溫暖的陪伴、擁抱自己。

—解說—

要看見別人很容易，但要看見自己，除了照鏡子之外，我們會用別人看著我們時的表情、語言，來認定自己，多數時候我們活在別人的眼光中，常常忘了，我是如何看待自己的？

所以必須有時間與自己獨處，認識自己，好好的看看自己。

但獨自一個人安靜的時候，頭腦會有很多的聲音不斷地出現，有很多情緒湧上心頭，有的人會焦慮、擔心，認爲無所是事的坐著或放空，是浪費時間、浪費生命，所以會焦急地去找事情做，無法眞正的休息。

而有的人是孤單、寂寞的感受出現，當無法面對這種空虛的感覺時，可能就會找人聊天、打電動玩具或上網、吃零食，但這都是暫時的注意力轉移，當夜晚來臨躺在床上準備睡覺時，腦袋一樣是躁動不安的，就會變成想睡覺卻又想太多而無法入睡，或是不斷地尋找事情做，讓自己疲憊不堪，等身體無法負荷時才能入睡，沒有好好看顧自己，就會讓身心常常處在勞累的狀態中。

所以，你必須如此專注、仔細地觀看自己時，有可能一開始就嫌棄自己的五官，甚至會有點抗拒，無法接受這樣的方式，也許會想逃離，所以任務才會要求坐下來而不是站著，這樣才能讓自己有一個比較穩定的姿態，而不會輕易的離開鏡子。

慢慢來，給自己一點時間，照鏡子前，可以先閉上眼睛，深呼吸幾次之後再睜開眼睛，當你發現：

你的雙眼，可以讓你看見美好的世界，

你的鼻子讓你自由的呼吸，感受生命的存在，你的嘴巴，讓你享受食物的美味也讓你透過它們得到健康的身體，更能讓你與人溝通，說出心中的感受，你怎麼可能不愛它們呢？

你只是⋯⋯忽略了它們的價值及存在的意義，你可能只看重它們的樣子、外觀，看起來好不好看而已，現在，你看得見自己的臉，把自己看個清楚，在這過程裡，認真、專注、安心的與自己在一起，沒有人會與你24小時在一起相處這麼久，最終陪伴你的人只有你自己，你得關心並愛自己，當你如此接納所有的自己，也能夠好好關注、照顧自己的心，那麼就可以隨時處在平靜安穩與愛的狀態裡，這就是愛自己的能力。

今天，請你好好的練習陪伴自己，而且未來日子裡，只要有空，就請你如此安穩的坐在鏡子前，永遠關心自己。

Day 19

我的祝福：
你有平和的內在，
可以從容地釋放所有壓力，
你可以接納別人，也深受他人喜愛。

任務／

寫下你人生的8個階段。你可以用簡單的幾句話，也可以寫多一點，敘述你的成長故事。

#1到10歲：從嬰兒變成小孩。有個怎樣的童年？

#11-20歲：學生。是怎樣的求學生涯或是已經開始進入職場？

#21-30歲：工作的情形如何？或還在求學？

#31-40歲：是否已有家庭爲了小孩而努力？或者，正在尋找另外一半，或爲了夢想而努力著？

#41-50歲：小孩漸漸長大，而現在的你，是你喜歡所欣賞的自己嗎？現在過的生活是你想要的嗎？

#51-60歲：到了人生這個階段，你還有想做的事情嗎？那是什麼呢？

#61-70歲：你還能爲自己及所愛的家人或朋友做些什麼嗎？

#71～離開世界：什麼是你最終想過的生活呢？你是否正過著自己嚮往的生活呢？如果還沒過著自己喜歡的日子，那，你什麼時候要開始？

如果你還沒有到達以上歲數，也請你寫上到了上述的年紀時，想像你將會過什麼樣的生活，或是希望如何的活著？是快樂的？平靜的？還是仍然充滿擔憂？

安心

—每日一句—

我願意也能夠過著我想要的生活。

—解說—

當我們還是小孩子的時候，生命的需求，可能就只是來自於大人的鼓勵或是吃到好吃的東西、有好玩的玩具就可以得到滿足，但隨著年紀的增長，人的夢想及需求是會改變的，當你20歲、40歲、60歲、80歲時，所想要的東西就不會是一樣的了。

20歲的你，正年輕氣盛，身體最健康的時候，有的是時間與用不完的精力，心是那麼的大，夢想彷彿觸手可及，你渴求的，也許是到世界闖一闖、也許是單純的想談場戀愛、也許是想要完成學業得到成就感，這時候的你勇敢充滿鬥志、有無限的想像、也能夠懷抱著夢想。

而來到40歲這時候的你，人生已經快過了一半，可能事業有成，卻忙碌不堪，原本爲了好好過生活、擁有金錢享受人生，現在卻苦於工作繁忙，無法享受生命的快樂，這時候的你，需要的是停下來，讓自己沉澱一下，賺錢的目的是什麼？是爲了讓自己忙、累、想要讓銀行的存款持續增加？或是該減少工作量，撥出屬於自己的時間休閒渡假？

60歲的你，眼睛開始模糊，你想要的也許是健康平靜沒有壓力的生活，你害怕的是生病，想要的是健康的身體，那麼，你得思考：我要如何才能擁有健康的身體？當你覺知到自己想要的是什麼，你有一個目標，你才能夠決定自己要如何過生活，當你要的是健康的身體，你就會知道：你可能要早睡早起、飲食清淡、適當的運動、不讓自己過度勞累，你清楚自己要過的生活方式，你就會做出改變，就可以過著自己所嚮往的日子了。

70歲以後，逐漸走向死亡，有的人害怕面對這個課題，但這是必經之路，你擔心的也許不是離開這個世界，而是來不及向你愛的人說出心中的話，表達你對他們的愛，沒能好好道別，害怕還有來不及做的事或根本還沒開始起步的夢想，也或許你害怕的是沒能好好的死去，恐懼身體的病痛折磨……。

當你願意去思考，什麼是你想要的人生，你就可以定義屬於自己的成功，而不是把焦點放在別人對你的評價上面，然而，當心是紛亂的，每天只是依照習慣的模式過日子，就不會有時間去思考，也就不會知道自己現在正在過的生活跟理想中的樣子差異有多大。

所以能做的，就是寫下來、看清楚、去思考，什麼是你眞正想要過的？

當你理解了現實與你的夢想差距有多大時，你才能開始做調整，知道如何去修正你正在做的，當你不斷思考、整頓、改變時，你理想的生活，就會在你眼前展開了。

Day 20

我的祝福：你值得被好好對待。

做一個承諾～爲自己

任務／在筆記本上寫下你對自己的承諾。

承諾

要每天靜心或最少一個星期2次

或每天有一餐吃的健康營養

或每天（一星期）睡前讚美一次自己

或是一個月讀一本書

一星期至少運動一次

今天

對自己許下一個你做得到的承諾

可以很簡單也可以很難。

選擇你願意做，也是對自己好的事情，請寫下來並確實執行去做這件事。

這是，你對自己的承諾。

大海

—每日一句—

我的人生，由我負責。

—解說—

你可以爲自己做出承諾，也能信守承諾，說到做到，是展現自信，全然信任並尊重自己的一種態度。

在你的生命中，是否曾經遇過說話不算話的人，不管答應你的事情，是大是小，一旦對方沒有信守對你的承諾，幾次之後，你會如何看待這個人？也許你會覺得對方隨意的承諾，是一個慣性，而開始不信任這個人，不能確定他所做出的承諾是否會兌現，甚至會懷疑自己的重要性，認爲自己在對方的眼裡是不值得被看重。

若你有朋友是重承諾的，只要答應你的事情，絕對會努力做到，即使無法做到完美，你一定也看得見對方的認眞，那麼，不管任何時候，你都會信任這個人，因爲你知道，對方是重視承諾的。

而今天的練習，就是要你看重自己。

所以要求你，思考一下，什麼是你願意做而且做得到的？

因爲在做承諾之前，你必須先清楚，什麼是你需要爲自己做的？什麼是你做得到的？而不是隨便的對待自己，輕易的做出承諾，當做不到的時候，就放棄了。

這是一項重要的練習，因爲如何對待你自己，是由你決定的。

你是這個世界上最重要的人，承諾也等同爲自己負責，所以請你重視這個課題，認眞審愼的去思考，有什麼是你一定要爲自己做的？

你可以選擇不相信自己、害怕未來，但你也可以決定，現在開始爲自己做些什麼，並看重自己。

Day 21

我的祝福：
所有你想要的一切，都會主動來到你面前。

首先恭喜你，已順利完成20天的任務，也請你看見自己的耐心跟毅力，還有堅持，你是認眞又擁有力量的，今天，已經是最後的一項任務了。

任務／

今天，你要寫一封情書給自己。

你可能會覺得有點奇怪，不知如何下筆，但，請你一定要寫。

請你先寫上：［親愛的］或［我最愛的］這幾個字，再填上你的名字。

例：

親愛的小美：

你是這個世界上獨一無二的人，我很欣賞你的認眞，在這生命過程中，你遇到了很多的困難，卻仍然很努力的過生活，這樣的妳是最美麗的……

我最愛的小明：

我很愛你，很抱歉以前從沒有告訴過你，也許你不是最完美的，但你卻是全世界上唯一的小明……

你要怎麼寫都可以，想像你自己，是最值得被愛的人，你會如何去讚美一個你愛的對象，就這麼寫下去吧！

無論你寫的信是長是短都可以，請你面帶微笑地寫～

文章最後請你一定要寫上以下的話～

※**我真的很愛你，會一輩子陪伴著你，不管你遇到什麼困難，我永遠不會放棄你，永遠會在你身邊的。**

呼吸引導5

—每日一句—

我看見自己能夠堅持有毅力的完成我想做的每件事。

—解說—

全世界最應該愛你的人，是你自己。

你獨自出生來到這個世界，成長的過程中，有很多人會愛著你、陪伴著你，但並不是永遠都會在你身邊，有的人會陪你走上人生的一小段路，有的人給你更長更久的時間，但終究只是陪你度過生命的某一段路程而已，當你必須離開這個世界的時候，也會是你獨自離開，所以跟你相處最久的人，是你自己。

可我們都忽略了，必須花時間聆聽自己、照顧並愛自己，總是希望能找到生命中的那個人，好好的被呵護、被愛著，多數時候會把眼光看向外面，這是很正常的，也是人最大的渴求及需要，這樣的愛會產生很大的力量，因爲互相的給予，成爲一個好的支持循環系統，就會有一段美好的關係，但在那之前，你必須先跟自己有良好的關係。

我相信，你很願意對別人好、爲別人付出，會鼓勵身邊的人，對他們說出支持的話語，也會爲他們挑選禮物，讓他們開心，很願意爲他們付出愛。

但現在，你有一個新的對象，值得你好好爲他付出，給他愛，那個人就是，你。

沒有要你做什麼大事，只是要求你，寫一封情書對自己表白，此刻，你得對自己大方、慷慨一點，將心中的愛寫成文字，留一些空間及愛給自己。

用溫暖充滿愛的語言，鼓勵自己，你願意好好愛自己、疼惜自己，將這份愛傳送到自己心裏，讓愛扎根，做自己最大的支持者。

如果你還是不知道如何下筆，還在尋尋覓覓，夢想找到一個全心全意、無怨無悔、全然無私愛你的人，那麼，此刻你已經找到了，我要告訴你，那個人就是，你自己。

你喜歡被如何的對待？只有你心裡最清楚，喜歡聽到愛你的人對你說些什麼話？聽到什麼樣的言語你會感到開心？對你說哪些詞句，你可以感受到被鼓勵、被支持著？

請你把它寫下來，這是你要對自己說的情話。

今天，你要照顧自己的心，明白並滿足自己的需求，當你願意善待自己、欣賞自己、好好愛自己，你會感覺到自己的一顆心，是溫暖、顫動的，當你給自己滿滿的愛，愛夠了自己，這份愛就會滿溢出來，像和煦的陽光一樣，不僅照亮了你自己，還會有多餘的餘光，溫暖身邊的人，試試看，用充滿愛意及欣賞的眼光，如此看重自己，認眞的寫一封情書給自己，享受被愛全然包圍的感覺，你值得擁有全世界如此獨一無二珍貴的愛。

結語

親愛的朋友：

恭喜你順利完成完這21天的任務，希望這些日子以來，能夠讓你的心裡有一些觸動及啓發，也知道可以透過冥想及呼吸的練習，得到心靈平靜與自在的感受。

不知道這些天來，你是否注意到：內心較能平靜下來、擔心的事情較少了、睡眠品質改善了、心情輕鬆一些、原本一些糾結的困擾似乎鬆動許多……。

發現了嗎？這世界並沒有任何的改變，在你身邊的人也依然故我，你的生活也一如往昔的進行著，但你的感受卻有些不一樣了，與其說你是因爲本書而有改變，我想，更貼切的說法是：你是一位願意學習並不斷成長，更是個有彈性並能夠接受挑戰的人，你能夠調整想法與生活態度，也是能夠改變自己命運的主角。

這21天的任務幾乎都是讓你面對自己的內心世界，也順便檢視你的人生目標是否已經跟以前不同，你所做的任務，有一個重點，就是讓你將焦點放在自己身上，因爲外在世界不會爲了你而改變，但你有能力可以決定你要怎麼想，你要將眼光看向何處，你生命的焦點聚向哪裡。

我相信，若這世界上的每個人，皆有照顧自己的能力，就一定可以擁有平靜安穩的心，能如此和平充滿愛的善待自己，也必然能帶給身邊的人溫暖，讓周圍的人感受到支持與關懷，形成一個美麗的連結。

但也有另一個可能，這21天以來，你備感壓力，有點煩躁，甚至比以前更焦慮了點，你不太清楚發生了什麼事，別擔心，這個問題在於，你發現了自己跟原本以爲的那個自己不太一樣，有可能你以前對自己的認識不夠深，所以，面對這些探索的任務，還有一些你積壓在心底的事件，甚至是你不想要面對的曾經，都如此清楚的揭露出來，你被勾起了隱藏在心底深處的難過，也許你還沒準備好要看清這些潛藏在任務底下的問題，所以，內心深處還有一些些的抗拒跟排斥。

沒關係，再給自己一些時間，不急。

你已經啓動探索自己的電源開關了，等過一段時間，你想要眞正運轉內在之旅時，再重新看一次此書卽可。

在此，恭喜你完成了所有任務，我要傳達我對你的欣賞。

但我也必須提醒你，這21天的任務，只是一篇你生命中的序言，只是一個開啓，因爲人是慣性的，固有的思考模式，並不會因爲完成這21天，就可以改變或翻轉人生。

你必須要不停的練習，學習讓自己有更久更長的時間，處在平靜的狀態下，那麼，你才會有更輕鬆的生活，在網路上也會有一些冥想或呼吸的練習影片，如果你願意，也可以每天撥出一些時間練習，讓這樣的平靜成爲你生命中的習慣之一，我相信，經過半年，你將會有更美好的生活。

最後，送上我最眞摯的祝福，祈願正在看此書的你，更好好愛自己，也順利地活出自己生命的精采。

第二十二天

最後
留1頁空白予你
因爲
未來的每一天
都可以是你想要並爲自己創造的……

國家圖書館出版品預行編目（CIP）資料

探索並照顧自己的21天/張鈴珠著. -- 初版. --
臺中市：台中市永禾堂中醫診所, 民111.08
面；　公分

ISBN 978-626-96212-0-0（平裝）

1.CST: 超覺靜坐 2.CST: 自我實現
3.CST: 呼吸法

192.1　　　111008615

探索並照顧自己的21天

出版單位：永禾堂中醫診所
作　　者：張鈴珠
地　　址：台中市西屯區中清西二街125號
電　　話：04-22985999

設計印刷：宏國群業股份有限公司

定　　價：320元
版　　次：初版
出版日期：民國111年8月
ISBN：978-626-96212-0-0（平裝）